FUSILLÉ DEUX FOIS

ÉPISODE DE LA SEMAINE SANGLANTE

Voici un fait non relaté jusqu'à ce jour, à l'actif de la soldatesque déchaînée qui fit l'ordre à Paris, pendant la Semaine sanglante, comme autrefois les pandours à Venise ou les cosaques à Varsovie.

Il est strictement historique, et de nombreux citoyens le confirmeraient au besoin.

Les écrivains socialistes, nos collègues, n'en parlent point; inutile de dire qu'on ne le trouve pas davantage dans les compilations des écrivains bourgeois, encore moins dans celles de leur complice déguisé, le mouchard de lettres académicien connu sous le nom de Maxime du Camp... de Satory.

C'était le 25 mai au soir.

Les fédérés, obligés de battre en retraite, s'étaient retranchés, la veille, sur la place du Panthéon, point stratégique qui joua toujours un grand rôle dans les insurrections prolétariennes.

La barricade principale défendant les approches du monument célèbre, barricade sise à l'intersection des rues Saint-Jacques et Soufflot, venait d'être emportée par ceux que l'histoire a flétris de l'épithète de Versaillais.

La trahison, comme dans toute cette campagne, du reste, avait beaucoup contribué à ce résultat.

Pris à revers par les rues d'Ulm et Paillet, grâce à la complicité de propriétaires, boutiquiers et concierges, qui faisaient cheminer sans coup férir les soldats de l'ordre à travers les jardins, les vaillants défenseurs de la cause communaliste, commandés par Lisbonne, étaient voués d'avance à une défaite certaine.

Ils se défendirent longtemps, mais ils durent succomber sous le nombre.

Sept à huit cents fédérés environ, laissés comme arrière-garde, et n'ayant pu suivre à temps le gros de l'armée révolutionnaire qui se repliait, furent cernés entre l'École de Droit et la bibliothèque Sainte-Geneviève.

Malgré la promesse qu'ils auraient la vie sauve s'ils déposaient les armes, le fameux Cissey, qui commandait sur ce point, les fit abattre jusqu'au dernier à coups de chassepot et de mitrailleuse.

On le voit, l'amant futur des espionnes de l'étranger se préparait dignement à couronner sa carrière d'infamie.

Un soudard, ami de Bazaine, doublé d'un ruffian !...

Rappellerons-nous aussi l'ordre d'exécution qu'il donna de l'intègre compagnon des Malon, des Tournet, des Gambon — le représentant du peuple Millière — fusillé, par le capitaine d'état-major Garcin, sur les marches du plus beau temple des temps modernes ?

L'exécution de ce fidèle défenseur de la cause plébéienne, étranger à la Commune et inviolable comme député, n'est-elle pas un véritable assassinat ?

Des scènes semblables, au surplus, eurent lieu, de par l'ordre du « sinistre vieillard » et de son digne lieutenant Mac-Mahon, sur tous les points de Paris.

Trente-cinq mille cadavres de prolétaires, de soldats de la souffrance, combattant, en majeure partie, pour la République sociale, pour leur place au banquet de la vie, devaient joncher les rues de la capitale du monde civilisé.

Depuis les proscriptions de Marius et de Sylla, qui ensanglantèrent l'ancienne Rome, jamais tuerie pareille de gens désarmés ne s'était accomplie.

Tout le monde n'a-t-il pas encore présents à la mémoire les hauts-faits de Ladmirault et surtout de Galiffet, qui faisait égorger sur la grand'route les prisonniers confiés à sa garde ?...

Ceux qui n'étaient pas assassinés en chemin, parqués, pire que des bestiaux, dans la boue de Satory, dans les geôles infectes de Versailles, ou dans cet autre lieu mor-

ت-l qu'on nomme un ponton, n'étaient pas pour cela à l'abri de nouvelles atrocités.

Que de malheureux citoyens et citoyennes dénoncés par la rage bourgeoise, quand ils n'étaient pas fusillés sur-le-champ, moururent ou meurent encore des privations qu'ils endurèrent ou des germes morbides que leur infiltra l'air fétide des culs-de-basse-fosse où on les jeta, soit en France, soit dans l'enfer calédonien !...

Aussitôt après le triomphe des ruraux, plus de 100,000 dénonciations s'abattant sur les vaincus, rendirent insuffisants les lieux de détention, prisons de terre ferme ou bagnes flottants.

Voici comment certain général, qui commandait à Versailles, se chargeait de *faire de la place* :

Il faisait sortir de la prison, comme pour une corvée, 30 à 40 fédérés, et leur mettait à la main une pelle et une pioche pour creuser une large fosse.

Leur besogne terminée, on les faisait rentrer dans la prison, d'où on les appelait par leurs noms, le lendemain, au petit jour, pour les fusiller au bord de la fosse qu'ils avaient creusée la veille.

Cette digression terminée, revenons à notre sujet, car le fait que nous avons à raconter est peut-être plus odieux encore.

A la suite de l'égorgement en masse qui eut lieu sur la place du Panthéon, un lieutenant d'artillerie fédérée, transpercé d'une balle à l'épaule, fut jeté, vivant encore, sur un tas de cadavres, dans la cour de la mairie du Ve.

Il fut recouvert en partie par des camarades dans le ventre desquels avait fait son œuvre cette chose sinistre : le *frou ! frou !* lugubre des baïonnettes qui entrent en déchirant les chairs.

Car les Versaillais ne se contentaient pas de fusiller les vaincus : quantité de moribonds étaient encore mutilés ensuite.

La nuit noire était venue.

On se lasse de tout, même de mutiler des morts.

Les soldats qui campaient dans la cour, ivres d'eau-de-vie et de carnage, dormaient d'un sommeil de brute côte à côte avec les tas de fusillés.

Quelques-uns seulement, tenus éveillés pour les nécessités du service, allaient et venaient, sortant librement de la cour sur la place par la grille restée entr'ouverte.

Elle était gardée par une sentinelle qui sommeillait par intermittences, appuyée sur son fusil.

La fraîcheur de la nuit et le sang d'un de ses infortunés compagnons de camarde, qui lui coulait dans le cou, tirèrent notre lieutenant de sa léthargie.

Mais comment sortir de là ?

Cela lui était difficile, enseveli qu'il était sous les cadavres dont le poids écrasant allait bientôt lui ravir le peu de force vitale qui lui restait encore.

Se plaindre était toujours la mort certaine.

Comprimant donc la douleur atroce que lui causait sa blessure, il réussit, petit à petit, à se débarrasser de son linceul de corps morts.

Pour l'instant, personne ne passait dans la cour.

Le silence n'était troublé que par le ronflement des prétoriens en goguette, ponctué, il est vrai, de temps à autre, par le bruit de la fusillade lointaine, voire même parfois par la détonation de quelque bombe tirée, dans la direction du Panthéon, par les batteries fédérées du Père-Lachaise.

Une d'elles, venant à tomber dans les jambes de la sentinelle, la mit en marmelade, elle et son chassepot, absolument comme un simple empereur de Russie.

Agréable réveil pour un tourlourou qui rêvait peut-être à la *payse* absente !

Bref, à la faveur du désarroi causé par cet incident, voici le lieutenant sur la place du Panthéon, vivant et libre, après avoir été compté au nombre des morts.

Cependant, tête nue, son uniforme en désordre et maculé de sang, de plus marchant avec peine, il était à chaque instant exposé à être reconnu.

Il descendit sans encombre la rue Saint-Jacques jusqu'à hauteur de la rue Cujas.

Arrivé là, un soldat attardé qui courait au pas gymnastique lui fit croire qu'il était poursuivi.

Rassemblant toutes ses forces, il se mit aussi à courir.

C'est ce qui devait le perdre.

Un épicier, dont le nom rappelle celui d'un charlatan célèbre, fermait sa boutique.

Ce bon commerçant était un ami des fusilleurs, et aussi cruel, le danger passé, que poltron pendant la bataille.

Il n'hésita pas une seconde.

Il barra le passage au fédéré fugitif et le prit par la gorge, en lui criant :

— Misérable ! tu n'iras pas plus loin !

Le fusillé, qui sortait d'entre les cadavres et qui voyait la Mort le ressaisir, crut devoir représenter à ce féroce boutiquier qu'il était père de famille, l'adjurant, au nom de ce que lui-même avait de plus cher, de le laisser partir en paix.

Prière inutile.

Ce satisfait sans entrailles, qui avait craint, sans doute, comme tant de « braves trafiquants » de son espèce, que la Commune triomphante mit un terme à l'exploitation des prolétaires, ce commerçant « pratique », en un mot, fut inflexible.

Il eut donc la constance de maintenir cette victime qui se débattait, affaiblie par le sang qui sortait en abondance de sa blessure rouverte, jusqu'à ce que d'autres de ses pareils eussent le temps d'aller requérir les supplicieurs en pantalon rouge.

Les soldats le reprirent, et, avec une joie sauvage, le collant au mur, le fusillèrent pour la seconde fois.

Est-il nécessaire d'ajouter que sa montre et son porte-monnaie, jusqu'à ses bottines même, allèrent rejoindre la montre et le porte-monnaie de Varlin et de tant d'autres ?

Soldats de la Révolution internationale qui, célébrant le glorieux anniversaire du 18 Mars, allez, chaque année, porter des fleurs sur la tombe de nos frères tombés pendant la Semaine maudite, donnez un souvenir à ce martyr obscur qui, comme Martin Bidauré sous l'Empire, fut fusillé deux fois par les pandours de l'ordre bourgeois !

Achille Le Roy.

Correcteur Typographe.

DISCOURS

prononcé

SUR LA TOMBE DES FÉDÉRÉS DU PÈRE-LACHAISE

Au nom du Congrès régional du Centre.

CITOYENNES ET CITOYENS,

Aujourd'hui, dimanche 29 mai 1881, le Congrès régional réuni au théâtre Oberkampf, à Paris, déclare lever la séance en signe de deuil des vaincus de la Semaine sanglante de mai 1871.

Au gouvernement de la République bourgeoise française et au Parlement levant sa séance en signe de deuil du despote Alexandre II de Russie, les socialistes révolutionnaires, en réponse à cet hommage rendu aux ennemis des peuples, interrompent leurs travaux d'éducation sociale pour aller saluer la terre où reposent des milliers de prolétaires massacrés sans pitié pour avoir voulu conquérir le droit à la vie par le travail, et pour avoir crié à la face de la terre : Guerre aux rois ! Paix aux peuples !

Le Congrès salue la mémoire de ces martyrs de la cause du droit et de la justice sociale ! et, au nom des principes internationalistes qui l'animent, adresse également un respectueux hommage à la mémoire des socialistes révolutionnaires des deux mondes qui sont morts pour la cause du peuple.

A nous, socialistes révolutionnaires, appartient l'honneur de glorifier nos morts ; sachons pour cela nous rappeler et mettre en œuvre les sublimes paroles de la *Marseillaise* :

> Nous aurons le sublime orgueil
> De les venger ou de les suivre!

Gloire à la Commune et vive la Révolution sociale !

AUGUSTIN CORSIN, *délégué.*

LA COMMUNE RESSUSCITÉE

I

C'était au lendemain de nos derniers désastres,
De ces hontes sans nom, de cet écroulement
Le plus profond encor dont, sous le firmament,
Depuis qu'il vit et marche à la lueur des astres,
Ce monde ait entendu le retentissement.

Du Rhin jusqu'à la Loire, en ébranlant la terre,
A l'exemple des Francs, sur le vieux sol gaulois,
L'invasion germaine, avec ses chars de guerre,
    Roulait comme autrefois ;
Et, dans la plaine immense, au-dessus du naufrage
D'un peuple, on voyait seul, debout à l'horizon,
    Dans les grondements de l'orage,
    Paris livré, mais vaincu, non !

    Alors, pareil au fier Génie
    De la Gaule, à son agonie,
    S'envolant sur Alesia,
    Quand, pour fonder sa tyrannie,
    César dans le sang la noya,
    Ici, dans la cité fidèle,
    Vous ralliant tous autour d'elle,
    La République, ô travailleurs,
    Fit de vos cœurs sa citadelle,
    Et de vos bras, ses défenseurs !

Car, dès que la Géante « aux puissantes mamelles »
Eut vu de ses aînés les pâles avortons
Livrer la ville sainte au viol des Teutons,
Un rayon fulgurant jaillit de ses prunelles ;
Et, portant ses canons comme on porte un roseau,
Sublime, devant elle allant en inspirée,
Elle monta là-bas, sur la butte sacrée
    Où la Commune eut son berceau !

Cependant, les élus de l'autel et du trône,
Vil troupeau d'exploiteurs secoués par la peur,
Valets de porte-crosse ou de porte-couronne,
De loin, la regardaient là-haut, avec stupeur ;
Et, n'osant pas tirer le poignard de sa gaine
  Pour la frapper au jour,
Mais, comptant, d'un seul coup, la tuer sans retour,
Pour la frapper dans l'ombre, ils aiguisaient leur haine.

II

  Voici leur heure, car la nuit
  Sur le crime jette ses voiles ;
  Car, las de veilles et de bruit,
  Montmartre dort sous les étoiles ;
  Et, comme lui, sur la cité,
  Trop oublieuse, dans son air,
  Elle dort avec le tonnerre.
  Mais de ce sommeil agité
  Dont s'indigne le vrai courage,
  Quand il a dévoré l'outrage,
  Quand les lâches l'ont soufleté !

Debout, soldats, debout, illustres épaulettes,
Debout tous les vaillants ! mais silence... aux trompettes

Remarquez-vous, là-bas ?.. Mais l'œil des éperviers,
  Mais l'aigle au vol superbe,
Qui volent, du haut des airs, les reptiles sous l'herbe,
Ne remarqueraient pas ces brillants officiers...

  Qu'importe ? Dans les ténèbres,
  Ils montent, montent toujours...
  Ils ont pris, vainqueurs célèbres,
  Les canons muets et sourds,
  Puis, fiers de tant de vaillance,
   Vont, en silence,
   Les enchaîner...
Mais quel fatal oubli ! Quoi ! rien pour les traîner !..
Rien ?.. Et le jour se lève, et l'Orient est rouge...
Et des monstres béants raillant, de leurs affûts,
  Ces bravaches confus,
  O désespoir, aucun ne bouge !..

Sur Montmartre, voici sourire au ciel vermeil
L'Aurore aux flèches d'or, qui chasse le sommeil ;
    Voici que la ruche ouvrière
    Bourdonne aux rayons du matin.

La Géante, à ce bruit, ouvre enfin la paupière
Et voit les nains obscurs qu'a surpris la lumière
    Au haut de l'Aventin,
A ses foudres de bronze attelés, hors d'haleine,
Poussant, tirant, suant et mourant à la peine !

Tout à coup, oubliant ses poignantes douleurs
Et prise de pitié plutôt que de colère,
Les désignant du doigt au mépris populaire,
Superbe de dédain, elle crie : « Aux voleurs ! »

Tous les chefs de la bande, à ce coup de tonnerre,
Ont fui jusqu'à Versaille ou sont rentrés sous terre.

III

Comme l'enfant promis à des jours radieux,
La Commune allait naître à la clarté des cieux,
Dans l'ivresse d'un jour, hélas ! si belle encore,
Que tous ceux qui l'ont vue à sa première aurore
En ont gardé toujours un rayon dans les yeux !

Paris libre et donnant à la France l'exemple,
Faisant le Travail roi de ses maîtres tremblants,
Se penchant sur le faible, et chassant de son temple
Les marchands engraissés par la traite des blancs !

Paris libre marchant et, dans sa foi profonde,
Sublime ensemenceur, avec sérénité,
Ouvrant sa large main pour jeter sur le monde
Le grain de la Science et de l'Égalité !

Mais, plutôt que de voir ce Paris, comme phare,
Éclater dans la nuit de leur règne barbare,
Qu'il périsse à jamais avec ses grands destins !
Qu'il nage dans le sang ou croule dans les flammes,
Ont dit avec fureur ces ruffians infâmes,
La caste dévorante, aux cerveaux de crétins !

— 10 —

Donc, tandis que, rêvant une paix chimérique,
Le peuple s'abandonne aux élans de son cœur,
« Le sinistre vieillard » au rire satanique
A fait signe à Bismarck, l'implacable vainqueur,
Et le Rhin allemand, pour la guerre civile,
Lui vomit ses captifs par centaines de mille.

    Malgré Floréal au ciel bleu,
    Jeune Commune égalitaire,
    Suprême espoir du Prolétaire,
Il faut combattre.—Haut ton drapeau rouge au feu !

        IV

    Fille héroïque de la Mère
    Qui fut poignardée en Brumaire,
    Deux mois, dans les combats livrés
    Devant nos forts croulant en poudre,
    Elle le porta sous la foudre,
    A la tête des Fédérés !

Puis, de Versaille enfin, quand aux noires cohortes
    La trahison ouvrit ses portes ;
Quand, furtif, dans ses murs, de nuit, tu pénétras,
    Meurtre lâche, aux cent mille bras,
Et que de ce Paris si beau, monstre en démence,
    Tu fis un abattoir immense,
Sept jours, on l'aperçut, grande en le défendant,
    Debout dans un nuage ardent,
Combattant pour le Droit, plus beau que la Victoire,
    Les flancs rougis, la face noire,
Jusqu'à ce qu'elle vit, au moment de mourir,
    Le sang dans ses veines tarir !

    Alors, sortant de la fournaise,
    Aux lueurs des palais brûlants,
Là-haut, sur le plateau funèbre de Lachaise,
On l'entendit monter avec ses plus vaillants !

    Là, redressant sa haute taille,
    Elle tomba dans la bataille

Sur son étendard en lambeaux,
Et l'écho de son dernier râle,
Jusque dans l'ombre sépulcrale,
Sur les morts réveillés, secoua leurs tombeaux !

V

L'*Ordre* règne à Paris, leur victoire est complète,
Ils triomphent là-bas, avec des airs hautains,
Quand tout à coup, au seuil de la salle de fête,
Comme apparut Banco dans l'éclat des festins,
Devant eux, surgissant de la nuit mortuaire,
La Commune apparait dans son rouge suaire :

— Députés, Sénateurs, illustres généraux,
    Hommes d'État sévères,
Qui buvez le plus pur de mon sang à pleins verres,
    Salut à vous, bourreaux !

Après avoir des miens fait bien plus de cadavres
Que jamais l'Océan n'en roula dans nos havres,
Vous dites, rassurés : Elle n'existe plus ! —
Et, plus vivante, à l'heure où vous me croyez morte,
Voici que je reviens frapper à votre porte,
Aveugles qui dormez le sommeil des repus !

Car je suis la Raison, chaque jour, condamnée
    Par votre sot orgueil ;
Car je suis la Justice, à vos bagnes traînée,
    Devant le monde en deuil !
Je suis, dans tous les temps, l'indomptable rebelle
Qui, tombant sous vos coups, se relève immortelle !

Mais, pour vous, gouvernants assoiffés du Pouvoir,
Je suis la Liberté, qui brisera vos armes ;
Pour vous, spoliateurs d'un peuple au désespoir,
Je suis l'Égalité, qui séchera ses larmes :
Pour vous, beaux officiers constellés de crachats,
    O vrais foudres de guerre,
Je dois venir, après l'orage des combats,
Par la Fraternité, rasséréner la terre !

Jusque-là, soyez fiers, heureux et triomphants,
Glorieux tourmenteurs de femmes et d'enfants !
Dormez sur vos lauriers, sans souci d'autre chose,
Pourvoyeurs des poteaux hideux de Satory.
    Car votre apothéose
    Sera le pilori !

Allez !... si vous marchez, rongés par mille ulcères,
    Jouisseurs éhontés ;
Si l'insolent manteau de vos iniquités
Traîne encore au soleil sur toutes nos misères,
Vous êtes des mourants ! — et lorsque, sous les fleurs,
    Vous riez, après boire,
    Et vous chantez victoire,
J'entends, derrière vous, le pas des fossoyeurs !

                    SOUÊTRE.

PROGRAMME DU PARTI OUVRIER

Adopté par le Congrès du Centre.

Considérant,

Que l'émancipation de la classe productive est celle de tous les êtres humains sans distinction de sexe ni de race ;

Que les producteurs ne sauraient être libres qu'autant qu'ils seront en possession des moyens de production ;

Qu'il n'y a que deux formes sous lesquelles les moyens de production peuvent leur appartenir :

1° La forme individuelle, qui n'a jamais existé à l'état de fait général et qui est éliminée de plus en plus par le progrès industriel ;

2° La forme collective, dont les éléments matériels et intellectuels sont constitués par le développement même de la société capitaliste.

Considérant,

Que cette appropriation collective ne peut sortir que de l'action révolutionnaire de la classe productive — ou prolétariat — organisée en parti politique distinct ;

Qu'une pareille organisation doit être poursuivie par tous les moyens dont dispose le prolétariat, y compris le suffrage universel, transformé ainsi d'instrument de duperie qu'il a été jusqu'ici en instrument d'émancipation.

Les travailleurs socialistes français, en donnant pour but à leurs efforts, dans l'ordre économique, le retour à la collectivité de tous les moyens de production, ont décidé comme moyen d'organisation et de lutte d'entrer dans les élections avec le programme minimum suivant :

PROGRAMME POLITIQUE

1° Abolition de toutes les lois sur la presse, les réunions et les associations et surtout de la loi contre l'Association internationale des Travailleurs. — Suppression du livret, cette mise en carte de la classe ouvrière, et de tous les articles du Code établissant l'infériorité de l'ouvrier vis-à-vis du patron;

2° Suppression du budget des cultes et retour à la nation des biens dits de main-morte, meubles et immeubles, appartenant aux corporations religieuses (décret de la Commune du 2 avril 1871), y compris toutes les annexes industrielles et commerciales de ces corporations;

3° Armement général du peuple;

4° La commune maîtresse de son administration et de sa police, et toutes les fonctions publiques rétribuées.

PROGRAMME ÉCONOMIQUE

1° Repos d'un jour par semaine ou interdiction légale pour les employeurs de faire travailler plus de 6 jours sur 7. — Réduction légale de la journée de travail à 8 heures pour les adultes. — Interdiction du travail des enfants dans les ateliers privés au-dessous de 14 ans; et, de 14 à 18 ans, réduction de la journée de travail à 6 heures. — Surveillance des apprentis par les corporations ouvrières;

2° Minimum légal des salaires, déterminé, chaque année, d'après le prix local des denrées;

3° Égalité de salaire pour les travailleurs des deux sexes;

4° Instruction scientifique, professionnelle et intégrale de tous les enfants mis pour leur entretien à la charge de la société, représentée par l'État et par les communes;

5° Mise à la charge de la société des vieillards et des invalides du travail;

6° Suppression de toute immixtion des employeurs dans l'administration des caisses ouvrières de prévoyance, etc., restituées à la gestion exclusive des ouvriers;

7° Responsabilité des patrons en matière d'accidents, garantie par un cautionnement versé par l'employeur, et proportionné au nombre des ouvriers employés et aux dangers que présente l'industrie;

8° Intervention des ouvriers dans les règlements spéciaux des divers ateliers; suppression du droit usurpé par les patrons de frapper d'une pénalité quelconque leurs ouvriers sous forme d'amendes ou de retenues sur les salaires. (Décret de la Commune du 27 avril 1871);

9° Révision de tous les contrats ayant aliéné la propriété publique (banques, chemins de fer, mines, etc.), et l'exploitation de tous les ateliers de l'Etat confiée aux ouvriers qui y travaillent ;

10° Abolition de tous les impôts indirects et transformation de tous les impôts directs en un impôt progressif sur les revenus dépassant 3,000 francs. Suppression de l'héritage en ligne collatérale et de tout héritage en ligne directe dépassant 20,000 francs ;

11° Cessation absolue de l'aliénation des propriétés foncières par les communes ou l'Etat ;

12° Affectation par les municipalités des fonds disponibles à la construction, dans tous les terrains appartenant aux communes, de bâtiments de natures diverses, tels que maisons d'habitation, bazars de dépôt, pour les louer sans bénéfice aux habitants.

RÉFLEXIONS

SUR

Le Programme du Parti ouvrier

Dix ans après le 18 mars 1871, la Révolution gronde à nouveau dans les masses prolétariennes.

Les déceptions que tous les politiciens, qu'ils soient monarchistes ou républicains(?), font subir aux revendications ouvrières, même les plus modérées, ne contribuent pas peu à amener ce résultat.

Le collectivisme révolutionnaire, doctrine peu connue à cette époque, fait par suite des progrès immenses dans l'esprit des travailleurs conscients de leurs droits et de leurs devoirs.

Ses conclusions affirmées ouvertement ou tacitement dans tous les Programmes ouvriers des deux mondes, on peut sans crainte dire que cette école socialiste est devenue la doctrine officielle du Prolétariat international.

Basée sur la loi d'airain des salaires et sur ce qu'a démontré, jusqu'à ce jour, la science sociale, elle seule avait assez d'autorité pour mériter cet honneur.

On sait, du reste, que le collectivisme fut le résultat de concessions réciproques que se firent, dans les Congrès internationaux de la fin de l'Empire, les différentes écoles modérées et révolutionnaires qui s'étaient déchirées jusqu'alors, à la grande joie de nos ennemis communs.

Quoiqu'on n'ait plus de prétexte sérieux à suivre ces errements — à moins qu'on ne soit capitaliste ou qu'on aspire à le devenir — n'est-il pas regrettable qu'il en soit toujours à peu près ainsi ?

Car enfin, malgré certaines entraves sans franchise, occasionnées peut-être par des espérances inavouables et inavouées, la France, cette terre classique de la Révolution, n'a pas voulu rester en arrière, et le triomphe du collectivisme révolutionnaire, éclatant comme un coup de foudre au Congrès socialiste de Marseille, nous a remis en un instant au diapason des autres pays.

Sa confirmation incontestable par le Congrès régional du Centre et — quoi qu'on en dise — par le Congrès *indé-*

pendant du Havre — achèverait de tracer leur devoir à ceux qui ne veulent être que les mandataires *désintéressés* de la cause des souffrants.

Faisant un pas de plus même, ce dernier Congrès n'a-t-il pas donné comme but futur, aux aspirations prolétariennes, le communisme libertaire, seconde étape du Collectivisme actuel ?

Après des siècles de souffrance et de martyre, on peut donc affirmer que le Prolétariat *libre* a enfin trouvé la synthèse de son affranchissement définitif.

Tous les obstacles suscités par quelques radicaux déguisés, voulant ménager la chèvre et le chou, ou par une poignée de fanatiques, n'ayant rien oublié ni rien appris, ne réussiront pas à prévaloir contre les déductions scientifiques du programme sur lequel s'est constitué le PARTI OUVRIER FRANÇAIS, le *Programme* dit *minimum*.

On sait que ce *minimum* de revendications, sur lequel cherche encore à mordre quelques anarchistes, partisans, disent-ils, du *maximum*, comme si les collectivistes... révolutionnaires — nous ne parlons que de ceux-là (1) — ne l'étaient pas au moins autant qu'eux, mais quand il sera possible, on sait, disons-nous, que ce *minimum* de revendications immédiatement applicables fut voté à une immense majorité par les délégués autorisés du travail aux Congrès *libres* du Centre et du Havre.

C'est avec les exagérations de ceux qui manquent d'esprit de tactique — car ils déroutent la plupart des travailleurs — qu'on fait souvent, sans s'en douter, le jeu des politiciens à faux nez socialiste, cherchant à pêcher un mandat de député en eau trouble, ainsi que de leurs souteneurs, les positivistes et autres coopérateurs bourgeois qui suivent, plus ou moins consciemment, quoiqu'ils s'en défendent, le mot d'ordre de la rue... de Cambacérès (2).

Il faut présenter aux ouvriers quelque principe qu'ils puissent saisir immédiatement et qui serve de point de départ pour leur faire ensuite comprendre autre chose.

« Travailler moins longtemps pour gagner davantage, » est un des arguments qui frappent les moins disposés à venir aux doctrines socialistes.

Si modeste que soit l'auteur de ces lignes, il s'estime heureux, en ce qui le concerne, d'avoir quelque peu con-

---

(1) Voir *Collectivisme et Révolution*, par Jules Guesde, pages 12 et 13.
(2) Voir le *Procès Barberet contre le « Prolétaire »*.

tribué, par ses humbles écrits, à faire admettre cette idée par ses compagnons de lutte et de souffrance (1).

Que l'on y ajoute l'espérance de vivre dans des logements et ateliers salubres — où le repos et le travail ne seront plus une mort continuelle — et nous augmenterons presque aussitôt, à l'instar des socialistes allemands, nos adhérents par centaines de mille.

Si inattaquable donc que soit le Programme ouvrier français, on peut cependant regretter que ce dernier point, de même que celui de la suppression du travail de nuit, contraire aux règles de l'hygiène, fassent défaut dans un document de cette importance.

La Commune, notamment, par un décret, avait supprimé le travail de nuit.

Les Programmes ouvriers des autres nations n'ont eu garde d'omettre ces *détails*, car il est évident que tel devient socialiste pour une question, tel pour une autre.

Sauf la lutte pour la conquête des municipalités, n'est-ce pas la raison pour laquelle les collectivistes révolutionnaires, qui ne croient guère à l'efficacité du bulletin de vote, l'ont cependant admis comme moyen d'action et de propagande?

Comment veut-on que des salariés, qu'ils soient coopérateurs ou religieux, courbés pendant dix ou quinze heures par jour dans les bagnes industriels, et souvent plus longtemps encore sur les domaines des propriétaires ruraux, aient occasion d'apprendre, sinon pendant la période d'agitation électorale, qu'il est une autre solution à l'affranchissement de leur misère que les rapsodies intéressées de leurs exploiteurs?

Pour en revenir à la question d'hygiène, on oublie trop, dans le prolétariat français, que si l'on veut avoir des combattants de la Révolution future non atrophiés physiquement et même intellectuellement — car il est rare, en vertu de l'axiome latin : *Mens sana in corpore sano*, que l'un ne réagisse pas fatalement sur l'autre — il faut les soustraire, dans la mesure du possible, à l'atmosphère pestilentielle des sentines où les parque la rapacité bourgeoise (2).

---

(1) Voir les *Réformes sociales urgentes* et le *Chant des Prolétaires*, œuvres républicaines socialistes condamnées, sous la République (!), par des magistrats de l'Empire. (Jugement inséré au n° 66 du journal ouvrier le *Prolétaire*.)

(2) En nous voyant le teint hâve et les muscles de nos traits contractés par un travail excessif, dans les plus mauvaises condi-

Un être qui, à vingt ans, déjà étiolé dans les usines, n'est qu'un cadavre ambulant, a-t-il réellement la vigueur nécessaire pour manier un fusil ?...

Pas plus sur ce point que sur celui de la réduction des heures de travail, dont les travailleurs non aveuglés par un égoïsme mal entendu, ont enfin compris la nécessité évidente, il est douteux que les radicaux, panachés ou non d'Alliancisme, une fois au pouvoir, nous accordent plus satisfaction que les opportunistes qui s'y vautrent actuellement.

L'inoffensif projet Nadaud, qui réclamait la faculté de faire encore dix heures dans une République, quand depuis longtemps on n'en tolère plus que neuf et même huit dans certaine monarchie, peut nous faire augurer de ce que feraient à leur tour d'autres ambitieux sans scrupule.

Il n'en est pas moins utile de faire comprendre aux ouvriers l'importance de la question de salubrité et d'hygiène réunies ; car, il faut bien reconnaître, ainsi que le prouve la loi des salaires elle-même, que dans beaucoup de cas, ils contribuent à aggraver encore leur triste condition (1).

Dans certaines associations dites « ouvrières », par exemple, créées soi-disant pour affranchir les travailleurs, mais qui ne servent en réalité qu'à créer des places pour quelques parasites, ne voit-on pas ces satisfaits, sous prétexte d'une économie dérisoire, quand ce n'est pas par ignorance, augmenter aussi bien l'insalubrité de leurs bouges que la longueur de la journée de travail ?

Bel exemple, ma foi, donné aux francs capitalistes !...

Et malheur à ceux qui, plus équitables ou plus éclairés, protestent contre ces vilenies, lesquelles con-

---

tions hygiéniques, les moralistes qui nous voient quelquefois nous dérober chez les marchands de vin, pensent que c'est uniquement l'intempérance qui nous y mène, parce que nous rions encore, nous rions toujours !...

Ils ont malheureusement raison quelquefois; mais en observant davantage la physionomie de l'ouvrier français, il serait plus juste d'en faire remonter les causes aux conditions déplorables de nos ateliers qui, effectivement, énervent et abaissent l'intelligence.

Les exigences de plus en plus croissantes du *capital* et de la *concurrence*, ainsi que l'impérieuse nécessité de chaque jour, font que souvent nous sommes plus dignes d'intérêt que coupables de tous les méfaits qu'on nous attribue. (*Rapport d'ensemble de l'Exposition de Vienne*, imprimeurs-lithographes, page 21).

(1) Les *Réformes sociales urgentes*, pages 25, 26, 27 et 28.

tribuent à rendre plus précaire encore le sort de ceux qui n'ont pas les moyens de faire « l'économie » d'une action : après quelquefois dix ans de présence et de lutte dans ces « pétaudières », ils en sont réduits, pour conserver leur indépendance de socialistes, à aller s'embaucher chez un patron quelconque.

Il est vrai — ce qui explique peut-être bien des choses — que ces bons établissements coopérateurs ont l'appui de la gent ministérielle, ainsi que le prouve la présence de leurs délégués dans les Congrès organisés par la police.

Mais détournons l'odorat de ces senteurs nauséabondes, exhalées par des êtres sans vergogne, qui, comme leur digne modèle du Palais-Bourbon, trouvent la question sociale résolue parce qu'ils ont « une place. »

Tous leurs « frais de toilette », à la santé des naïfs, ne les mettront pas en meilleure « odeur » auprès des socialistes intègres, qui n'ont confiance, eux, comme solution définitive, qu'en la puissance des moyens révolutionnaires.

Tout est là, en effet ; car l'histoire impartiale — non celle des Loriquets cléricaux ou capitalistes — nous démontre que jamais réforme sérieuse ne fut arrachée aux puissants autrement que par la Force au service du Droit.

Si le peuple, las d'être taillable et corvéable à merci, ne s'était pas levé au 14 juillet 1789 et au 10 août 1792, il eût pu attendre longtemps sous l'orme féodal la chute de la Bastille et de la royauté.

De même au 24 février 1848, où la prise des Tuileries par 3,000 combattants énergiques amena, en même temps que la chute du roi-parapluie, l'obtention de cette réforme, singulièrement surfaite, il est vrai, qui s'appelle le suffrage universel.

Car on sait de quelle façon, de par leur puissance militaire, religieuse et surtout économique, ont su en jouer jusqu'à ce jour tous les despotes, depuis Napoléon III et Bismark, par exemple, pour aboutir à Castelar et Gambetta.

Qu'ils dominent franchement par le sabre ou hypocritement par la faconde, qu'ils représentent un empire ou une classe, la différence est-elle bien sensible pour les masses laborieuses, toujours également décimées par le travail exagéré ou la faim inexorable ?

Ne sait-on pas que les représentants des classes parvenues, comme nous en donnons la preuve dans *Fusillé deux fois*, sont souvent plus féroces envers les revendications des déshérités luttant pour obtenir la place qui leur est due au banquet social, que les tyrans même les plus sanguinaires ?...

Et disant cela, qu'on ne se méprenne pas sur notre pensée; nous ne sommes pas de ceux qui versent des larmes de crocodile sur l'exécution d'un despote quelconque, qu'il s'appelle César ou Alexandre II, Louis XVI ou même Prim.

Nous ne sommes même pas éloigné de croire qu'il est digne d'un républicain de prendre parti pour le faible contre le fort, pour l'opprimé contre l'oppresseur, pour la victime contre le bourreau, en un mot, de chercher à réaliser l'idéal de Diderot : « Avec le dernier boyau des prêtres étrangler le dernier des rois. »

Avis au Machiavel de Cahors et à son exécuteur des hautes œuvres Andrieux, lesquels, d'origine républicaine cependant, se font les complices de l'autocrate Alexandre-le-Pendeur, ce proscripteur éhonté, comme ils le seraient un jour, si la victoire leur souriait, de tout ce qui est partisan chez nous du règne de l'Égalité sociale.

Il est vrai que les courageuses protestations des républicains socialistes marseillais, qui ont triomphé, à propos de Jessa Helfmann, des alguazils de l'opportunisme, pour aboutir à l'immense meeting de la salle Fernando qui a achevé de faire justice de procédés laissant loin derrière eux les pratiques du moyen âge, commencent à donner singulièrement de tablature à tous ces renégats.

Cette dernière manifestation, organisée par les journaux socialistes le *Citoyen de Paris*, *Ni Dieu ni Maître* et le *Prolétaire* contre l'avortement et la strangulation, dans un cachot de Pétersbourg, de cette jeune martyre, marquera dans les annales du prolétariat.

Il est donc incontestable, comme nous le répétons, que la Révolution recommence à bouillonner dans les masses populaires.

La bourgeoisie au pouvoir ne sera peut-être pas toujours aussi heureuse dans ses moyens de répression qu'elle l'a été notamment deux fois en un quart de siècle à l'égard des prolétaires affamés.

Son seul mobile est la crainte de perdre ses privilèges économiques.

Elle n'est pas sans connaître, d'une manière superficielle, il est vrai, les immortelles théories de Platon et de Babeuf, voire celles de Blanqui.

Avec le flair qui caractérise les parvenus dans les questions d'argent, elle prévoyait bien que le peuple qui réclamait, en juin 1848, le « Droit au travail », quelque chose comme le droit de continuer à enrichir les autres de ses sueurs, et en 1871, « l'universalisation de la propriété », tout en montant la garde autour des milliards de la Banque de France, milliards, comme toutes les valeurs créées, extorqués sur son labeur, elle prévoyait bien, disons-nous, que les souffrants, avec le progrès des lumières, ne s'en tiendraient pas là et qu'ils réclameraient un jour leur part intégrale des richesses sociales, c'est-à-dire, en un mot, le « Droit au capital. »

On sait de quelle façon fut calomnié, en 1848, par des agents à la solde de la rue de Jérusalem, l'illustre Blanqui, lequel, à cette époque, était à peu près le seul chef d'école partisan de la doctrine égalitaire.

Depuis cette date, les travaux notamment de Karl Marx, Tchernichewsky, Stuart Mill, Malon, Guesde et Lafargue, parmi les écrivains contemporains, ont achevé d'élucider la question sociale et de fixer la conscience populaire sur la légitimité de la dépossession pure et simple, au profit de tous, des capitaux et instruments de travail, monopolisés au bénéfice seul de quelques-uns.

C'est là le but vers lequel tend le Programme ouvrier socialiste, et c'est ce qui explique l'acharnement que déploient contre lui les frelons qui ne vivent que de la substance des autres.

C'est ce qui explique encore que les quelques organes qui en sont les sincères partisans, tels que le journal ouvrier le *Prolétaire* et le *Citoyen de Paris*, sont particulièrement l'objet du dénigrement systématique des feuilles... publiques bourgeoises, ainsi que des jolis messieurs qui reçoivent le mot d'ordre du pacha de la Tour-Pointue, complétant ainsi l'œuvre des misérables exploiteurs de prolétaires, de femmes et d'enfants.

Il faudrait, du reste, être d'une simplicité à rendre des points à un coopérateur pour s'en étonner; car il tombe sous le sens que ce ne sont pas les suôles de la bourgeoisie, qu'ils soient capitalistes, mouchards ou... banquistes, qui feront la lumière sur les causes de la misère des masses, leur procurant à eux de si agréables loisirs.

Quantité de salariés indifférents, souvent même hostiles, devraient donc comprendre qu'il est de leur intérêt d'appuyer ceux qui, mandatés pour cela, prennent leur défense avec désintéressement, et au lieu d'acheter les journaux de la bourgeoisie, qui cherchent à les tromper sur les causes de leurs souffrances, s'abonner aux trop rares organes qui méritent la confiance de leur parti de classe.

N'est-il pas reconnu que de tous les moyens de propagande, c'est encore celle de la presse qui est la plus fructueuse ?

Mais que de gens qui se plaignent de leur misère ont souvent la monnaie d'une chopine, mais jamais deux sous pour la cause commune !...

Quant aux riches et à leurs alliés les pseudo-collectivistes qui font le jeu des possesseurs en combattant d'une façon sourde les principales revendications du Programme ouvrier, nous ne perdrons pas notre temps à chercher à les convaincre.

Ceci dit — et c'est encore là l'opinion d'un grand nombre de nos amis — ceux qui, convaincus de la justice de ce programme, désirent s'en faire les défenseurs, peuvent venir à nous, s'ils sont sincères et désintéressés ; mais, qu'on le sache bien, le Parti ouvrier, qui ne veut plus être ni dupe ni complice, ne s'abaissera pas à aller jusqu'à eux.

Rappelons-nous qu'il n'y a qu'un drapeau qui a le droit et le devoir de ne pas s'abaisser, c'est le drapeau du Travail, le drapeau du Prolétariat.

Les Congrès ouvriers régionaux qui se préparent, de même que le Congrès national *indépendant* de Reims, le maintiendront certainement haut et ferme, jusqu'au jour où, à l'ombre de ses plis, nous puissions monter à l'assaut de cette autre Bastille, plus difficile à abattre que celle de 1789, la Bastille politicienne et chauvine, cléricale et bancocratique.

Place à la Révolution internationale !

Achille Le Roy.
Rédacteur au journal ouvrier le *Prolétaire*.

Un Monument à BLANQUI

>   Qui fait la soupe doit la manger...
>   BLANQUI.
>   Tôt ou tard, la Justice a son jour.

I

La République, au sein d'une Bastille
Laissera-t-elle expirer son martyr !
Du noir Clairvaux, hélas ! la triste grille
Pour lui jamais ne doit-elle s'ouvrir ?
Ah ! quarante ans d'affreuse solitude
N'émeuvent pas les apostats maudits :
Tel un lion fier dans la servitude,
Dont les gardiens craignent encor les cris !

Qu'il doit souffrir en sa sombre cellule,
Ce noble cœur né sous un si beau ciel !
O vils dévots, plumitifs sans scrupule,
Déversez donc sur lui tout votre fiel !..
Mais si la Parque, hâtant sa délivrance,
Devait par vous aggraver notre deuil,
Pour vous châtier et venger la souffrance,
L'Égalité sortirait du cercueil !...

II

De persister dans son élan sublime,
Bordeaux a pris la résolution,
Et grâce à lui, l'héroïque victime
Pourra quitter son obscure prison.
Captif mourant par le fait d'un parjure,
Il va renaître aux rayons du soleil,
Et démasquant des fourbes l'imposture,
Du peuple encor guidera le réveil !

L'Opportunisme et ses valets perfides
Ont la panique au seul bruit de son nom :
Comme l'Empire aux desseins homicides,
Pour arme ils ont aussi la trahison !
Des estafiers ils sont toujours complices
Dès qu'il s'agit d'arrêter notre essor ;
Dignes suppôts de toutes les polices,
De ce vieillard voudriez-vous la mort ?...

III

La plèbe a su faire les funérailles
Que méritait son vaillant défenseur,
Et sur sa tombe, affirmer les batailles
Où doit un jour succomber l'oppresseur.
Pour hâter l'heure où le Vautour... qui vole
Devra tomber sous les coups de fusil,
O Prolétaire, apporte ton obole
AU MONUMENT DU GLORIEUX BLANQUI ! (1)

Quelle rumeur du fond de l'ancien monde
Éveille encor le riche épouvanté ?
D'un peuple ami la détresse profonde (2)
Proteste au cri de : « Terre et Liberté ! »
Pauvres proscrits, parias, prolétaires,
Espérez tous à ce nouveau signal ;
Car le Progrès, qui brave les sicaires,
Doit les briser sous son char triomphal !...

ACHILLE LE ROY

---

(1) Les souscriptions sont reçues aux bureaux du PROLÉTAIRE, du CITOYEN et de NI DIEU NI MAITRE.

(2) Un temps viendra où l'on ne concevra plus qu'il fut un ordre social dans lequel un homme possédait un million de revenu, tandis qu'un autre n'avait pas de quoi payer son dîner.
CHATEAUBRIAND.

LES HAUTS FAITS DU MILITARISME
LA PATRIE, LA RELIGION, LA LOI

> À l'amour de Dieu, il faut substituer l'amour de l'homme ; à l'amour de la patrie, celui du genre humain ; au privilège, le travail pour tous.
>
> Farmer, de Londres.
>
> Je suis citoyen du monde.

Fut-il jamais un mot plus néfaste au progrès humain, à l'affranchissement des hommes, que celui de *patrie*?

Pour quelques bienfaits plus ou moins contestables, que de crimes n'a-t-on pas commis, que de torrents de sang ne s'est-il pas versés en son nom !...

De même que nous sommes redevables aux prêtres du mot de *religion*, c'est certainement un tyran, « un soldat heureux », a dit Voltaire, qui créa le premier celui de *patrie*.

Prêtre et soldat, c'est-à-dire charlatan et bourreau, n'est-ce pas là de toute antiquité la base de la servitude humaine?

Ajoutons-y le juge, c'est-à-dire la *loi*, et la trilogie sera complète.

Il y a bien encore la bureaucratie et la police — celle-ci la plus inqualifiable peut-être de toutes les professions — mais elles ne sont que la conséquence des trois premières.

Et tout cela, dans les temps actuels, n'est-il pas créé et mis au monde pour le plus grand bien d'une sixième, qui les résume toutes — celle des industriels, banquiers, propriétaires et rentiers, lesquels, étayés de cette façon, peuvent vivre dans l'oisiveté et l'abondance, quand ceux que tous ils exploitent et pressurent — les salariés — succombent d'excès de travail et de détresse ?...

L'existence de tous ces gens — si la morale n'est pas un vain mot — ne serait-elle donc qu'une infamie perpétuelle ?...

Nous laissons au lecteur le soin de résoudre cette question, sachant par expérience qu'indépendamment des soudards, policiers et cafards, il y a encore des juges... à Paris.

Mais c'est égal, la patrie, la religion et la loi sont tout de même de bien belles choses !...

Qu'ont pensent les travailleurs affamés que l'on fusille périodiquement quand ils affichent l'audace de vouloir vivre en travaillant ?

Ah ! quelle équitable légalité !

Et comme Gambetta, en dégustant les sauces à Trompette, doit en rire dans sa barbe !...

Mais, pauvre peuple, il faut dire que tu fais bien souvent ton mal toi-même !

Combien, en effet, parmi les prolétaires, ne cherchent même pas à s'affranchir des préjugés qu'une éducation cléricale et bourgeoise leur a inculqués dès le jeune âge !

Comme on ne leur a appris, en fait de logique, que les turpitudes de l'Histoire sainte et du catéchisme, et en fait d'histoire, que les hauts faits des grands tueurs d'hommes, tels qu'Alexandre, César, Charlemagne, Frédéric ou Napoléon, ils conservent toujours dans un coin de leur cœur un petit faible pour la gloire militaire.

Ils ne réfléchissent point qu'ils rendent ainsi possible un militarisme effréné, lequel, sous l'habile prétexte de défendre la patrie, ne sert en réalité qu'à défendre les biens des riches, tout en les maintenant eux-mêmes sous le joug.

La fameuse guerre entreprise par la gent badingueusarde contre la Prusse, guerre qui, entre parenthèse, fit périr plus de 700,000 Français ou Allemands, n'était-elle, en définitive, autre chose qu'un moyen détourné, dans l'espérance fanfaronne d'un succès facile, d'ensevelir les revendications menaçantes du prolétariat ?

L'expédition récente de Tunisie n'en est-elle pas encore une preuve ?

Tandis que nos *guerriers* cueillent de faciles *lauriers*, les prolétaires, exténués, murmurent : « Réformes sociales », et la Chambre bourgeoise s'empresse de leur répondre : « Khroumirs ! »

Peut-être nous citera-t-on en réponse le glorieux élan de 1792 au nom de « la *patrie* en danger », lequel permit de jeter à la frontière, en réponse au défi des rois de l'Europe et des émigrés combattant sous leurs drapeaux, plus de 1,200,000 hommes ?

L'objection serait spécieuse, car, à cette époque, les Français qui venaient de proclamer les Droits de l'Homme, et, en vertu de ces principes égalitaires, allaient faire justice au traître Capet, combattaient déjà plus, comme les fédérés de 1871, pour la République et l'Humanité que pour ce mot « vide de sens », quoi qu'en dise la chanson.

L'accueil enthousiaste fait aux armées républicaines par les populations qu'elles délivraient du despotisme le prouverait surabondamment. Mais, nous le répétons, c'est parce que nous leur apportions plutôt les principes de liberté et de justice, au nom de la solidarité humaine, que la glorification du mot de patrie, qui en est la négation. C'est ce qui explique encore l'appui énergique et sincère que les républiques cisalpine, parthénopéenne, batave et helvétique, établies ou protégées par nos armes, nous accordèrent tant que le Corse de Brumaire n'écrasa pas la liberté de ces pays sous sa botte césarienne.

Oui; mais cela exerce un tel prestige qu'une armée qui défile tambours battant, clairons sonnant, accompagnés de drapeaux aux chatoyantes couleurs, troués par la mitraille!

Quelle médaille brillante et poétique, dont on n'oublie trop que le triste revers!

Pour faire marcher comme un seul homme cette machine à détruire, il a fallu supprimer chez vous tout sentiment de libre arbitre et d'indépendance.

Vous n'êtes plus, dans la main de vos chefs, que des ilotes taillables et *fusillables* à merci!...

Rappellerons-nous encore, pour la moindre des vétilles, les corvées répugnantes à plaisir auxquelles ils vous astreignent, ce qui se complète admirablement, du reste, par l'air infect dans lequel la promiscuité des casernes vous contraint à vivre?...

Ah! quel plaisir d'être soldat!

chante certain *Scribe*... de la réaction.

Il est vrai que cette dernière condition se présente fréquemment aussi dans la vie civile, grâce à l'égoïsme criminel des chefs d'industrie (1), aggravée souvent et

---

(1) L'organisation des grands ateliers américains est excellente. Local vaste, haut de plafond, bien *aéré* pour l'été et bien *chauffé* et *aéré* l'hiver. Il ne viendrait jamais à l'esprit d'un patron de compter sur la *chaleur animale* pour chauffer son atelier.

Dans certains, je pourrais dire le plus grand nombre des ateliers parisiens, le *manque* de VENTILATION fait que la chaleur produite par l'agglomération de beaucoup de monde, dans un espace relativement petit, ainsi que celle du gaz, dispense, dans la saison des grands travaux, de chauffage, même lorsque l'on a de la vapeur à perdre.

La SANTÉ *en souffre*; aussi, voyez le teint de nos ouvriers et ouvrières parisiens.

Il y a pourtant une Commission (!!) pour la visite des ateliers, afin de s'assurer si les conditions d'hygiène sont observées.(WYNANTS, ouvrier, relieur. — *Rapport de la délégation libre à Philadelphie*, pages 129 et 130).

core par l'ignorance des travailleurs sur les premières notions de l'hygiène.

Maintenant, pour quelques qualités problématiques, que de vices ne contracte-t-on pas souvent en échange, dans cette *noble profession des armes!*

Nous ne citerons que les plus ordinaires, tels, par exemple, que la grossièreté dans le langage, des goûts de rapine, l'ivrognerie, la paresse, la pédérastie, quand le spectacle du sang versé ne fait pas couronner le tout par la passion de l'assassinat!...

L'ex-sergent Billoir et son digne concurrent, le gardien de la paix... et de la loi, l'ex-cent-garde Prévost, tous deux passés maîtres dans l'art de découper la chair humaine, ne tendraient-ils pas à le faire croire?

L'exemple du crime impuni, il est vrai, leur fut donné de haut.

Ces deux misérables, pour avoir *garcíné* deux ou trois personnes, ont expié leurs forfaits sur la guillotine, quand leur ancien chef de file, le héros du Deux-Décembre et de Sedan, est tranquillement mort dans son lit.

Il est juste de dire que ce respectable bandit n'avait assassiné que trois Républiques et fait tout au plus massacrer un petit million d'hommes.

Touchante égalité distributive!

Faut-il rappeler encore les exploits de la soldatesque en délire qui, pendant la Semaine sanglante, sous la conduite de certains généraux, fusilla sommairement, dans les rues de la capitale trahie, plus de 30,000 prisonniers désarmés?...

Et ce couplet de notre homonyme Gustave Leroy, fait après la répression de juin 1848, ne donne-t-il pas aussi une agréable idée du militarisme:

> On vous criera: Feu sur le prolétaire!
> Vous resterez faibles, anéantis.
> Mourir au bagne ou bien tuer son frère!...
> Gentils enfants, restez toujours petits!...

Ubi bene, ibi patria, où l'on est bien, là est la patrie, telle est la devise faisant suite à celle de: « Pas de droits sans devoirs, ni de devoirs sans droits. »

Le jour où les travailleurs internationalistes seront prêts, qu'ils n'oublient pas ces principes et suppriment sans hésiter les parasites et les égorgeurs par la Révolution universelle!

A. Le Roy.

L'AURORE DU 14 JUILLET

(Extrait du Chant de la Révolution.)

Mères, cueillez des palmes vertes
Pour le berceau de vos enfants ;
Jeunes filles, dansez gaîment, de fleurs couvertes ;
Et toi qui, sous le pied des bourreaux triomphants,
Râles, tes blessures ouvertes,
Vieux forçat du travail, de ton bagne, aujourd'hui,
Pour combattre, surgis éclatant d'espérance,
Car de ta délivrance
Enfin l'aurore a lui !

Elle a lui, l'immortelle aurore
De la sainte rédemption
Qu'au fond de son enfer, un monde aveugle encore,
A genoux, attendait, plein d'adoration !

Elle a lui sur la nue entr'ouverte et sereine,
L'aurore du plus grand des jours !
Et déjà, l'annonçant aux rives de la Seine,
Le bourdon vibre dans les tours !
Et du peuple-sauveur l'avant-garde sacrée,
Sentant partout son être un feu brûlant courir,
Dit, prenant le mousquet et la pique ferrée :
Debout pour vaincre ou pour mourir !

Oracles inspirés du règne égalitaire
Qui du monde nouveau vient proclamer les droits,
Aux Panthéons de la terre,
Montesquieu, Rousseau, Voltaire,
Montez, montez sur la tête des rois !

Car, du seuil radieux de l'ère fraternelle,
Vous nous avez versé la lumière éternelle,
Soleils de vérité !
Et maintenant voilà que des milliers de braves,
Jurant de briser leurs entraves,
S'ébranlent aux faubourgs de la grande cité !

C'est que, de leur âme obsédée
Des cauchemars d'un long sommeil,
Vient de jaillir la même idée,
Au premier rayon de soleil !
Et tous, à cette heure bénie,
Tous, brûlant des mêmes transports,
Contre un monde de tyrannie,
Ils marchent au combat des forts !

Soldats de la misère, armés par la Justice,
Qui portez des cœurs fiers sous de nobles haillons,
Que de la Liberté le clairon retentisse,
Pour saluer vos bataillons !

    Je vois leur armée
    Qui, comme un torrent,
    Là-bas, en courant,
    Débouche enflammée
    D'un feu dévorant,
    Et, sourde aux alarmes
    Des femmes en larmes,
    Battant ses tambours,
    Sort des vieux faubourgs,
    Appelant : « Aux armes ! »

Où donc vont ces vengeurs !... où vont-ils, où vont-ils,
Ces sombres bataillons, hérissés de fusils !...

Entendez-vous !... Aux quais, aux boulevards, la foule,
Pêle-mêle roulant avec un bruit de houle,
Crie à la foule un nom qui retentit sans fin...
Et jusqu'au cliquetis du fer mouvant qui brille
    Leur répète, avec le tocsin :
    « A la Bastille ! à la Bastille ! »

SOUÈTRE

QUELQUES NOTES A L'APPUI

Dans les temps modernes, la première protestation connue des ouvriers contre leur état précaire est celle des ouvriers foulons de Lincoln, en Angleterre, en 1297. — On décide que l'on ne travaillera pas le samedi, à partir d'une heure de l'après midi jusqu'au lundi. — Sous Édouard Ier, même époque, les ouvriers des champs se coalisèrent et exigèrent un salaire. — En 1300, 1105, 1122 et 1161, les maçons et les charpentiers font grève. Une loi porte que cette dernière association doit se dissoudre. Malgré cela, il faut croire que les ouvriers ne tinrent pas compte des lois restrictives, car en 1349 parut la première loi défendant aux ouvriers, d'une manière générale, de se concerter pour faire augmenter leur salaire et diminuer les heures de travail. Peines : le pilori ; récidive, le pilori encore, mais de plus on leur arrachait une oreille. (WYNANTS, *Délégation libre à Philadelphie.*)

... Les besoins journaliers de la vie ne faisant que croître de plus en plus, la majorité des travailleurs, obligés de lutter contre la misère et ne voyant souvent que le gain du moment, oublient parfois quelque peu les principes de solidarité qui devraient toujours nous régir en étant disposés plutôt à augmenter qu'à diminuer la longueur de la journée de travail, sans réfléchir que par là ils étendent de plus en plus la lèpre du chômage et contribuent inconsciemment, de cette façon, à l'abaissement des salaires. (*Réformes sociales urgentes*, p. 15 et 16.)

LE PROLÉTAIRE, journal des ouvriers socialistes
47, *Rue de Cléry*, 47
ABONN^{ts} : un an, 6 fr.; six mois, 3 fr.; trois mois, 1 fr. 50

Paris. — Imprimerie Munis et Cie, 11, rue de la Victoire.

www.ingramcontent.com/pod-product-compliance
Lightning Source LLC
Chambersburg PA
CBHW060912050426
42453CB00010B/1678